BEI GRIN MACHT SICH IHR WISSEN BEZAHLT

AF151829

- Wir veröffentlichen Ihre Hausarbeit,
  Bachelor- und Masterarbeit

- Ihr eigenes eBook und Buch -
  weltweit in allen wichtigen Shops

- Verdienen Sie an jedem Verkauf

Jetzt bei www.GRIN.com hochladen
und kostenlos publizieren

Bibliografische Information der Deutschen Nationalbibliothek:

Die Deutsche Bibliothek verzeichnet diese Publikation in der Deutschen National-
bibliografie; detaillierte bibliografische Daten sind im Internet über http://dnb.d-
nb.de/ abrufbar.

Impressum:

Copyright © 2009 GRIN Verlag, Open Publishing GmbH
Druck und Bindung: Books on Demand GmbH, Norderstedt Germany
ISBN: 9783640604920

Dieses Buch bei GRIN:

http://www.grin.com/de/e-book/149406/carl-schmitt-und-die-raf

Sarah Schlitt

Carl Schmitt und die RAF

GRIN Verlag

GRIN - Your knowledge has value

Der GRIN Verlag publiziert seit 1998 wissenschaftliche Arbeiten von Studenten, Hochschullehrern und anderen Akademikern als eBook und gedrucktes Buch. Die Verlagswebsite www.grin.com ist die ideale Plattform zur Veröffentlichung von Hausarbeiten, Abschlussarbeiten, wissenschaftlichen Aufsätzen, Dissertationen und Fachbüchern.

Philipps-Universität Marburg
Gesellschaftswissenschaften und Philosophie

Carl Schmitt und die RAF

Referatsausarbeitung
im Rahmen des Seminars

Einführung in die Theorie politischer Ideengeschichte

von

Sarah Schlitt

Marburg, März 2009

Inhaltsverzeichnis:

1. Einführung

1.1 Carl Schmitt und die RAF

Während meiner Recherche für das Referat über den bekanntesten, aber auch umstrittensten deutschen Staats- und Völkerrechtler des 20. Jahrhunderts Carl Schmitt, stieß ich immer wieder auf Artikel, in denen die Frage behandelt wurde, ob und wenn ja in wie weit Carl Schmitts Theorien der RAF zum Vorbild oder gar zur Legitimation für den bewaffneten Kampf gedient haben könnten. Zunächst hat mich diese Annahme verwundert, da mir Carl Schmitt bisher nur durch seinen ideologischen Beitrag zur Nazi-Diktatur und seiner antisemitischen Äußerungen während der Nürnberger Prozesse bekannt war. Aus diesem Grund schien es mir abwegig, ihn mit der RAF, die aus der 68er Revolte, welche sich besonders kritisch mit der Zeit des Nationalsozialismus auseinandersetzte, hervorgegangen war, in Verbindung zu bringen oder gar in einen Topf zu werfen. Das Thema weckte mein Interesse also habe ich mich entschlossen, es für die Ausarbeitung des Referats genauer zu untersuchen. Dabei habe ich jedoch schnell gemerkt, dass dieses Thema eine gewisse Brisanz in sich trägt und dass, bei der Gegenüberstellung zweier solcher extremer Staatsansichten, wie sie Carl Schmitt und die RAF vertraten, im Hinblick auf das politische und moralische Selbstverständnis Deutschlands und des Rechtsstaates an sich stets eine gewisse kritische Vorsicht zu waren ist. Von daher möchte ich zunächst einmal darstellen, aus welcher Intention heraus sich sowohl Carl Schmitt als auch die RAF gegen den Rechtsstaat und die liberale Demokratie verschworen haben und mit welchen Mitteln sie hofften, diesen zu überwinden. Anhand dessen werden schnell einige Gemeinsamkeiten im Denken beider deutlich. Ob diese jedoch ausreichen, um Rückschlüsse über eine Einflussnahme zu belegen, möchte ich aufzeigen, indem ich Carl Schmitts Theorie des Partisanen mit dem Konzept der Stadtguerilla, welches die RAF 1971 veröffentlicht hat, vergleiche.

Außerdem schien es mir ebenfalls notwendig, kurz auf die teils doch sehr fragwürdige Darstellung von Wolfgang Kraushaar einzugehen, der sich in seinem Buch „Die RAF und der linke Terrorismus" mit diesem Thema befasst hat. Denn besonders in der Kritik an seinem Werk bzw. an den darin von ihm gezogenen ideologisch problematischen Schlussfolgerungen lässt sich darstellen, wie polarisierend und noch immer nicht vollständig aufgearbeitet der Verlauf der deutschen Geschichte zur Zeit der 68er Revolte bis heute noch ist.

1.2 Carl Schmitt in den 68ern

Obwohl Carl Schmitt erst 1985 im Alter von 97 Jahren gestorben ist, macht es den Anschein, dass er abgeschieden in sozialer und akademischer Isolation lebend, bereits in den 68ern in Vergessenheit geriet - oder zumindest sollte man annehmen, dass seine Theorien vor dem Hintergrund, der moralisch doch sehr verwerflichen Tatsache, dass er sich bis zuletzt nicht von seinem Wirken in der Zeit des Nationalsozialismus distanzierte, wohl kaum Gehör gefunden hätten.

Insbesondere nicht bei der Generation der Jugendlichen, die nun endlich mit dem Verhalten ihrer Elterngeneration während und nach dem Nationalsozialismus abrechnen wollten.

Wenngleich Carl Schmitts Lehre zwar von den Nationalsozialisten für ihre Zwecke in Anspruch genommen wurde, so finden sich doch unter seinen Schülern auch solche, die „bei den Linken Autorität genießen".[1] Für Schmitt schien dies selbstverständlich gewesen zu sein, denn links und rechts waren für ihn bloß "Begriffe der politischen Vulgärsprache".

Dies gab schon früh den Anstoß für die Diskussion über einen möglichen Einfluss Schmitts auf die 68er Bewegung. Es lassen sich zwar vereinzelt Parallelen wie z.B. in der Parlamentarismuskritik feststellen, jedoch scheint es nie einen direkten Kontakt zwischen ihm und den Vertretern der 68er gegeben zu haben. Jedoch scheint Carl Schmitt der Studentenrevolte gegenüber durchaus aufgeschlossen gewesen zu sein. Er beobachtete die Unruhen mit Zuversicht weil er sah, dass die radikale Linke drauf und dran war "einen Umschwung" herbeizuführen. Und hoffte insgeheim der Terror der RAF könne bei den Regierenden in Bonn Interesse am Ausnahmezustand erwecken, welcher nach seiner politischen Idee endlich die Unzulänglichkeit des liberalen Rechtsstaates ans Tageslicht bringen würde.

Da auch seine Auffassung zu Antiliberalismus, Etatismus, Antiimperialismus und Antiamerikanismus auf besonderes Interesse bei den Linken stieß, wird dies häufig als das stärkste Argument für die These gesehen, dass die Ursprünge des Staats- und Gesellschaftsverständnisses der Studentenbewegung bei Carl Schmitt gesucht werden müssten.[2]

---

[1] Jens Litten, Interview mit Carl Schmitt im Deutschen Allgemeinen Sonntagsblatt, 1970
[2] Leonard Landois, Konterrevolution von links: Das Staats- und Gesellschaftsverständnis der '68er' und dessen Quellen bei Carl Schmitt, Nomos 2008

1.3 Staatsansichten

Für Carl Schmitt war die liberale Demokratie nicht mehr als ein" Waschlappenstaat", der sich im Ernstfall als unfähig erweisen würde, die Bürger zu schützen. Sehnsüchtig hofften er und seine Schüler auf den Ausnahmezustand, welcher die Unzulänglichkeit des Verfassungsrechts offenbaren sollte. Ganz im Sinne der Tradition des Deutschlands bis zur Weimarer Republik war der Staat in ihren Augen der Souverän, der dem Volk eine Verfassung bescherte, aber im Ernstfall von der Verfassung abweichen durfte. Der Staat machte Politik, und Politik konnte nur machen, so Schmitt, wer entschied, wer Freund ist und wer Feind.

Auch die RAF hat sich bemüht politisch zu werden, indem sie permanent den Feind bestimmt hat.3 Auch für sie war der liberale Staat der Feind. Ein Bullenstaat, dem sie faschistoides Gedankengut unterstellte, dessen Kapitalismus sie verurteilte und seine liberale Demokratie in Frage stellte. Sie sahen sich selbst als eine Gruppe kommunistischer, antiimperialistischer Freiheitskämpfer. In die Geschichtsbücher jedoch werden sie als linksextreme terroristische Vereinigung eingehen. Tatsächlich aber haben sie, ganz nach Carl Schmitts Vorstellung, durch ihr Handeln die junge, liberale Demokratie auf eine harte Bewährungsprobe gestellt. Die Tatsache, dass als Reaktion auf die RAF- Verbrechen im Rahmen der Anti-Terror-Gesetze in die Persönlichkeitsrechte aller Bundesbürger eingegriffen wurde, erfüllt zumindest die Kriterien eines „schmittschen" Staates, welcher als Souverän im Ausnahmezustand von der Verfassung abweichen darf, ja vielleicht sogar muss, um die Unzulänglichkeit des Verfassungsstaats zu beheben. Jedoch wurde dieses Vorgehen von der Mehrheit der Bevölkerung als mit den rechtsstaatlichen Prinzipien vereinbar empfunden. Schuld daran ist die RAF selbst, sie hat den falschen Weg gewählt um ihre politischen Ideale zu verwirklichen. Empfand ein großer Teil der Bevölkerung zunächst noch Sympathie für die Gruppe um Andreas Baader und Ulrike Meinhof, so überwiegt bis heute das Entsetzen über deren kaltblütiges Vorgehen. „Die RAF wollte auf den Staat schießen, am Ende aber lagen Menschen in den Gräbern".[3] Warum es soweit gekommen ist, beschäftigt die Deutschen noch heute. In zahllosen Biografien, Sachbüchern, Zeitungsartikeln und Filmen wird dieses mentalitätsgeschichtlich hoch brisante Thema noch einmal bis ins kleinste Detail durchexerziert. Und so lebt die RAF, lange nach ihrer offiziellen Auflösung noch immer als Schrecken des „Deutschen Herbstes" und Mythos der 68er weiter. So wie es auch Carl Schmitt für sich prophezeite „...Ich sterbe nicht, denn mein Feind lebt noch". Der Krohnjurist der NS-Diktatur und eine linksradikale Terrororganisation: Bedurften diese jungen Menschen bei all der Konsequenzlosigkeit in ihrem Handeln und der schonungslosen Anwendung von Waffengewalt, die sie an den Tag gelegt haben, dazu tatsächlich der Theorietischen Legitimation eines ideologischen Begleiters des Nationalsozialismus?

---

[3] Joachim Bruhn „Charaktermasken abschminken" in Jungle World vom 14. März 2007

2. Schmitts Theorien

2.1 Hintergrund und Entstehung

In seinem 1962 erschienenen Werk „Die Theorie des Partisanen" beschäftigt sich Carl Schmitt vor dem Hintergrund des kalten Krieges mit der Auflösung der internationalen Ordnung. Auch hier steht die Differenzierung in „Freund" und „Feind" wieder im Vordergrund. Das entstehen von neuartigen „Subjekten internationalen Rechts" der sogenannten „Großräumen", welche an die Stelle des Staates treten und die allgegenwärtige Gefahr des Krieges, bedingen seiner Meinung nach das Verschwinden der souveränen Staatlichkeit. Daraus ergibt sich für ihn eine neue Einteilung der Erde in unterschiedliche, auf der Basis ihres gemeinsamen geschichtlichen und kulturellen Erbes verwurzelte Großräume, die außerdem durch ihre wirtschaftlichen Interessen miteinander eng verbunden sind. Daraus resultiert auch seine Idee vom "Interventionsverbot für raumfremde Mächte". Vor dem Hintergrund der territorialen und wirtschaftlichen Veränderungen in Deutschland mit der Vormachtstellung der USA nach dem Ende des 2.Weltkrieges, lässt sich diese Veränderung in Schmitts Weltbild logisch nachvollziehen.

Auch das Kriegsverständnis hat einen Wandel erfahren, so sagt Schmitt, der Krieg habe nicht nur seinen „konventionellen und gehegten Charakter" verloren, sondern auch der Staat sein Kriegsmonopol. Diese Erkenntnis nimmt er als Grundlage für die Entwicklung des partisanischen Feindbildes, das eine nichtstaatliche, jedoch kriegsführende Partei beschreibt Einhergehen damit ist für ihn außerdem die Entwicklung einer neuen Art der Kriegsführung, in deren Zentrum der Mensch an sich steht. Zudem erwartet er, dass die Partisanen durch aggressive, weltrevolutionäre Kräfte vereinnahmt werden.

2.2 Der Partisan

Der Partisan (lat. Anhänger einer Partei), wie ihn Carl Schmitt als Feindbild skizziert, unterwirft sich keinen traditionellen politischen Strukturen. Er ist bereit für das Erreichen seines (politischen) Ziels Alles zu tun, was möglich oder notwendig ist. Er kennt und achtet keine rechtlichen oder moralische Grenzen, empfindet kein Mitleid mit Unschuldigen oder Unbeteiligten und schreckt auch nicht davor zurück, sein Leben für die Sache zu opfern, da er sich in totaler Hingabe dem Ziel der Gruppe verschrieben hat und sich vollends mit deren Idealen identifiziert.[4]

---

[4] vgl. dazu: Carl Schmitt, Theorie des Partisanen. Zwischenbemerkung zum Begriff des Politischen, 1963

Er formuliert vier charakteristische Kennzeichen eines Partisanen:

- **Irregularität:** Sie beschriebt die dezentrale auf Netzwerken basierende Art und Weise der Kriegsführung, welche es ihm ermöglicht einen unvorhersehbaren Angriff durchzuführen.
- **Der tellurische Charakter:** Dieses Merkmal beschreibt die Heimatverbundenheit des Partisanen, welche impliziert, dass er im Vergleich zu Terroristen, primär Verteidigungskriege führt.
- **Starkes politisches Engagement:** Dies ist außerdem ein wichtiges Kennzeichen des Partisanen, denn hierauf basiert seine totale Hingabe für die Gruppe und seine unbedingte Einsatzbereitschaft
- **Gesteigerte Mobilität:** Die taktische Bewegungsfreiheit ist für Carl Schmitt die militärisch wertvollste Eigenschaft die sich der Partisan zunutze macht.

Durch seine Totalität verliert der Partisan den Status eines konventionellen Feindes und wird somit zum absoluten Feind. Er ist nicht mehr als regulärer Gegner zu erkennen und verwischt bewusst die Grenzen zwischen Zivilisten und Kämpfern, indem er aus dem Untergrund agiert. Er verstößt gegen das Kriegsvölkerrecht und verliert damit die Legitimation als gemeiner Soldat.

2.3 Was ist Dezisionismus?

Der Begriff Dezisionismus leitet sich vom lateinischen „decisio" ab und bedeutet soviel wie abschneiden. Dezision bezeichnet in der Justiz auch die rechtsverbindliche Entscheidung eines Streitfalles oder eines Richterspruchs. In Deutschland wurde der Begriff vor allem durch Carl Schmitt geprägt:

„Jede konkrete juristische Entscheidung erhält einen Moment inhaltlicher Indifferenz, weil der juristische Schluss nicht bis zum letzten Rest aus seinen Prämissen ableitbar ist [...] Von dem Inhalt der zugrunde liegenden Norm aus betrachtet, ist jenes konstitutive, spezifische Entscheidungsmoment etwas Neues und Fremdes. Die Entscheidung ist, normativ betrachtet, aus dem Nichts geboren. Die rechtliche Kraft der Dezision ist etwas anderes, als das Resultat der Begründung"[5]

Allgemein ist diese Abkoppelung der Rationalität vom Begründungsakt einer Entscheidung als Radikalisierung von Schmitts Rechtsauffassung zu werten.

Als Formel für seinen Dezisionismus zitiert Schmitt mehrfach Thomas Hobbes' Leviatan: *„Autoritas, non veritas facit legem."*

„Die Autorität – der Diktator als Souverän- ist nicht normativ gebunden. Was zählt, ist nicht das "Wofür" oder "Wogegen" einer politischen Position, sondern die Entscheidung als solche, die reine, von jeglichem Inhalt abgelöste Dezision."[6]

---

[5] Carl Schmitt Politische Theologie München Leipzig 1922, S.42f.
[6] Thomas Hobbes , Der Leviatan von Iring Fetscher, Neuwied/West-Berlin 1966

Schmitt reduziert sämtliche Entscheidungen auf die politische Unterscheidung zwischen Freund und Feind. Entweder Oder - Schwarz oder Weiß. Auf diese Weise ist der Dezisionismus als Denktypus auf das Engste mit dem Voluntarismus und dem Existenzialismus verwandt und bildet sozusagen den Dachbegriff beider Theorien. Die Besonderheit bei Schmitt ist hauptsächlich der rigide Anti-Normativismus (vgl. dazu: ...Entscheidung ist normativ gesehen aus dem Nichts geboren)

Kurt Sontheimer schreibt dazu in seinem 1968 erschienenen Werk „Antidemokratisches Denken in der Weimarer Republik": „Kampf, Entscheidung und Entschlossenheit markieren in ihrer normativistischen Ausrichtung eine Grundhaltung, die totalitären Strömungen in die Hände spielt. Sie haben sich im nachhinein als präfaschistische Denkfiguren erwiesen, die den in der Weimarer Republik nur schwach ausgeprägten liberalen Positionen den Garaus gemacht haben und nur zu leicht von den Nationalsozialisten aufgegriffen und besetzt wurden."[7]

So kam es, dass der Begriff Dezisionismus mit etwas Negativem behaftet war und nur noch für Menschen die sich nicht scheuten mit einem antidemokratischen Denken assoziiert zu werden verwendbar wurde.

3. Wolfgang Kraushaar Dezisionismus als Denkfigur
   – von der antiautoritären Bewegung zum bewaffneten Kampf -

3.1 Vom Dezisionismus zum Linksfaschismus

Liest man heute über die 68er Revolte bekommt man schnell den Eindruck, dass die neue Linke von Anfang an unter Verdacht stand, ihre aufklärerischen und radikaldemokratischen Zielsetzungen insgeheim autoritativen Machteroberungsphantasien geopfert zu haben. Der Vorwurf einer dezisionistischen Haltung erlegen zu sein wurde erstmals bereits im Jahre 1962 gegen Jürgen Habermas erhoben.1967 war jedoch er es, der auf dem Hannoveraner Kongress „Bedingungen und Organisation des Wiederstands" welcher im Rahmen der Trauerfeierlichkeiten zum Tod von Benno Ohnesorg abgehalten wurde, nach einem Streit mit Rudi Dutschke, den Linksfaschismusvorwurf erstmals formulierte:

„Ich bin der Meinung, er (Dutschke) hat eine voluntaristische Ideologie hier entwickelt, die man im Jahre 1948 utopischen Sozialismus genannt hat und die man unter den heutigen umständen, jedenfalls ich glaube, Gründe zu haben, diese Terminologie vorzuschlagen, linken Faschismus nennen muss.[8]

---

[7] Kurt Sontheimer: „Antidemokratisches Denken in der Weimarer Republik", 1968
[8] Zitat: Jürgen Habermas, Kongress Bedingungen und Organisation des Wiederstands, Hannover 1962

Habermas verstand unter „Linksfaschismus" nicht nur den Voluntarismus, sondern auch den Irrationalismus und Subjektivismus, insbesondere jedoch die in der Weimarer Republik entstandene und durch Carl Schmitt geprägte Denkrichtung des Dezisionismus.

Dieser von ihm geäußerte Vorwurf hinterließ tiefe Spuren, führte zur weiteren Diskriminierung und Isolation der studentischen Opposition und sorgte dafür, dass die neue Linke, der SDS und damit die gesamte 68er Bewegung unter „Voluntarismus-" bzw. „Dezisionismusverdacht" gestellt wurde.[9]

3.2 Rudi Dutschke: Stadtguerilla nach Ché Guevara zur Restitution des deutschen Klassenbewusstseins

Im September 1967 ging Rudi Dutschke erstmals im europäischen Raum mit dem Begriff der „Stadtguerilla" an die Öffentlichkeit. Auf einer Deligiertenkonferenz des SDS hielt er zusammen mit Hans-Jürgen Krahl das sogenannte „Organisationsreferat". In diesem Referat bezeichnete er die BRD als ein System das den Monokapitalismus vollendet habe. Dies bezeichnete er als einen integralen Etatismus dessen besondere Auffälligkeit in der gegenwärtigen ökonomischen Formationsperiode es sei, dass es vermehrt zu staatlichen Eingriffen in den Produktionsprozess käme.

Für Dutschke das System der BRD von einer grundlegenden Parodoxie geprägt zu sein. Es scheinen zwar alle materiellen Bedingungen für den poltischen Kampf erfüllt zu sein, ein Bewusstsein in der Bevölkerung dafür, dass Ausbeutung und Unterdrückung unvermindert anhielten, bliebe jedoch seiner Meinung nach nicht zuletzt durch die Manipulation mithilfe der Massenmedien blockiert. Aus diesem Grund sehe er als einzige Möglichkeit den Nebelschleier, der das System des Wohlfahrtsstaates umgebe, zu zerreißen und so das verlorene Klassenbewusstsein innerhalb der deutschen Bevölkerung zu restituieren, es als erforderlich an nach der in Lateinamerika erprobten Methode der Guerilla zum Kampf überzugehen. Tatsächlich beruft er sich hierbei auf die von Ché Guevara entwickelte „Focustheorie"[10], in der er von einer Weiterentwicklung der Guerillaeinheiten über eine Stadtguerilla bis hin zu einer Volksbefreiungsarmee spricht.

Dutschke fordert die Mitglieder des SDS auf „Die Propaganda der Schüsse in der 3. Welt (Ché) muss durch die Propaganda der Tat in den Metropolen vervollständigt werden, welche eine Urbanisierung ruraler Guerillatätigkeiten geschichtlich möglich macht. Der städtische Guerillo ist der Organisator schlechthinniger Irregularität als Destruktion des Systems der repräsentativen Institutionen"[11]

---

[9] vgl. dazu Wolfgang Kraushaar Entschlossenheit: Dezisionismus als Denkfigur S.141 f
[10] vgl. Ernesto Che Guevara: Partisanenkrieg – eine Methode. Mensch und Sozialismus auf Kuba
[11] Dutschke/ Krahl ,Organisationsreferat in Diskus. Frankfurter Studentenzeitung 30jg.nr 1-2 Februar 1980 S.6-9

Die Besonderheit hier ist, dass er den Begriff der Irregularität benutzt, welcher nach Carl Schmitts „Theorie des Partisanen" die erste der vier Bedingungen zur Kennzeichnung eines Partisanen ist. Kraushaar vermerkt dazu, dass obwohl sich sowohl bei Dutschke als aus auch bei Krahl Spuren einer Schmitt-Rezeption finden lassen, die Verwendung des Begriffs der Irregularität wohl aber eher auf Krahl zurückzuführen sei. Da dieser sich im Zusammenhang mit der Lektüre von Lenins organisationstheoretisch entscheidender Schrift „Was tun?" notiert: „Partisanenstrategie in Metropolen beinhaltet die Organisation der großen Weigerung, der schlechthinnigen Irregularität. Die Partisanen verweigern die Reaktion auf die administrativ gesetzten Signale."[12]

So steht also die Schlussfolgerung im Raum, dass Rudi Dutschke der ideelle Begründer der Stadtguerilla in Deutschland sei, was meiner Meinung nach allerdings nur begrenzt zutreffen kann, denn er hat zwar erstmals im deutschsprachigen Raum mit seiner Adaption der „Focus-Theorie" den Begriff Stadtguerilla benutzt, jedoch hat er meiner Meinung nach eher zur Bildung einer Sabotage- und Verweigerungsguerilla aufgerufen, als zum Ausüben von terroristischen Gewaltaktionen zur Durchsetzung von poltischen Vorstellungen aufgefordert. Das lässt sich zum Beispiel an folgender Aussage belegen, die er am 19.4.1968 in einem Interview mit dem WDR gemacht hat:

„Wir kennen nur einen Terror - das ist der Terror gegen unmenschliche Maschinerien. Die Rotationsmaschinerie des Axel-Springer-Verlages in die Luft zu jagen und dabei keine Menschen zu vernichten scheint mir eine emanzipierende Tat."[13]

Dutschke trennt und unterscheidet ganz klar zwischen der Gewalt gegen Sachen und der Gewalt gegen Menschen. Auch wenn er Kontakte zum RAF-Mitglied Jan-Carl Raspe unterhielt muss er dennoch als politischer Gegner der RAF gesehen werden, der diese als politische Degeneration verurteilt hat. Und ich denke nicht, dass dies wie Kraushaar behauptet ein schlechter Versuch war seine selbstpropagierte „Entgrenzung der Gewalt" nachträglich einzuschränken und zu zähmen.

---

[12] Hans Jürgen Krahl, Ausgewählte Werke, Helsinki 1970
[13] Rudi Dutschke, Interview Westdeutscher Rundfunk 19.4.1968

4. Die Rote Armee Fraktion (RAF)

4.1 Das „Konzept der Stadtguerilla"

„Wir behaupten, dass die Organisierung von bewaffneten Widerstandsgruppen zu diesem Zeitpunkt in der Bundesrepublik und Westberlin richtig ist, möglich ist, gerechtfertigt ist. Dass es richtig, möglich und gerechtfertigt ist, hier und jetzt Stadtguerilla zu machen. Dass der bewaffnete Kampf als ,die höchste Form des Marxismus-Leninismus` jetzt begonnen werden kann und muss, dass es ohne das keinen antiimperialistischen Kampf in den Metropolen gibt. "[14]

Mit diesen Worten beginnt die erste, 1971 erschienene RAF Schrift in der Ulrike Meinhof ein Jahr nach dem öffentlichen Aufruf zum Aufbau der Roten Armee, das Konzept der Stadtguerilla formuliert. Sie rechtfertigt damit die Aufnahme des bewaffneten Kampfes im Zuge der linken Revolution.

Mit ihrem bekannten Zitat: „Wir sagen der Typ in Uniform ist ein Schwein.....und natürlich kann geschossen werden" [15] hatte sie schon zuvor den Gebrauch der Waffe gegen die „Bullen" gerechtfertigt, die anders als die Mitglieder der Roten Armee (ihrer Aussage nach) rücksichtslos von der Waffe Gebrauch machen würden. Sie nimmt außerdem Bezug auf die gescheiterte Studentenrevolte in der 68ern der es nicht gelungen sei, eine „ihren Zielen angemessene Praxis zu entwickeln". Sie erklärt dies sei nur durch eine revolutionäre Initiative zu erreichen und verweist darauf, dass schwache revolutionäre Kräfte in Lateinamerika dazu eine Guerilla Taktik[16] anwenden müssten, mit dem Ziel „den staatlichen Herrschaftsapparat an einzelnen Punkten zu destruieren, stellenweise außer Kraft zu setzen, den Mythos von der Allgegenwart des Systems und seiner Unverletzbarkeit zu zerstören".[17]

Ulrike Meinhof kritisiert außerdem die sozial-liberale Koalition und prangert die Bundesrepublik an sich durch Entwicklungs- und Militärhilfe an den US-Kriegen zu beteiligen und so vom Elend der dritten Welt zu profitieren. Auch in den später folgenden Schriften versucht sie stets, die Verknüpfung von Ausbeutung und Politik zu beweisen und ihre Unzufriedenheit mit dem kapitalistischen Staat darzustellen.

Die RAF unterstreicht mit diesen Schriften ihre klare Abtrennung vom erklärten Feind, dem deutschen Staat. Dem entgegen sie eine antiimperialistische Front bilden will, die in koordinierten militanten Projekten den Guerillakampf aufnimmt.

Stellt man die Theorie des Partisanen und den Aufruf der RAF zur Bildung einer Stadtguerilla gegenüber wird man zwar feststellen, dass man einige Parallelen

---

[14] Ulrike Meinhof, 1971 vgl. dazu: www.verfassungsschutz-bw.de/links/terrorismus_raf_chrono_druck.htm
[15] vgl. dazu Rotaprint 25 (Hrsg.): Agit 883. Bewegung Revolte Untergrund in Westberlin 1969–1972
[16] siehe auch Ernesto Che Guevara: Partisanenkrieg – eine Methode. Mensch und Sozialismus auf Kuba
[17] Martin Hoffmann (Hrsg.) Rote Armee Fraktion. Texte und Materialien zur Geschichte der RAF. ID-Verlag, Berlin 1997

ziehen kann zwischen Carl Schmitts Charakterisierungsmerkmalen und den Eigenschaften bzw. der Herangehensweise an den bewaffneten Kampf der RAF Terroristen. Mit ihrer totalen Verschreibung an das Ziel der linksrevolutionären Revolution, dem bewaffneten, taktisch aus Untergrund Netzwerken heraus vollzogenen Kampf und ihrer Bereitschaft bis zum äußersten zu gehen (Entführung, Mord, Selbstopfer durch Hungerstreik) erfüllen siemehr als nur eine, der von Carl Schmitt angeführten Prämissen. Jedoch grenzt sich der Partisan nach Schmitt in einem Punkt von dieser terroristischen Motivation ab. Er führt primär einen Verteidigungskampf und keine terroristischen Angriffe aus. Aus diesem Grund kann die Theorie des Partisanen wenn überhaupt nur in bedingt als eine Grundlage für das von der RAF formulierte Konzept der Stadtguerilla gedient haben. Im Gegenteil, es gibt keinerlei Belege und auch ich konnte während meiner Recherche keinen Anhaltspunkt dafür ausfindig machen, dass sich die RAF weder zur Legitimation ihrer Ideologie noch ihres Aufrufs zum bewaffneten Kampf bei Carl Schmitt bedient hat.

4.2 Fazit

Ich persönlich glaube nicht, dass es weiterhilft, den Dezisionismus von Carl Schmitt herbeizuziehen um den Terror der Roten Armee Fraktion zu erklären. Genau sowenig, wie ich davon überzeugt bin, dass irgend eine plausible oder gesponnene Theorie dies überhaupt könnte. Auch würde es, selbst wenn man eine politische oder ideologische Legitimation darbringen könnte, nicht helfen zu verstehen was damals passiert ist, zumindest nicht für die Opfer des Terrors und deren Angehörige. Meiner Meinung nach wird das Thema RAF in den Medien heutzutage meist nur noch dazu benutzt die Auflage bzw. den Verkauf zu steigern. Auch Wolfgang Kraushaars Buch „Die RAF und der linke Terrorismus" bietet dem, der versuchen will, dass historische Phänomen RAF verstehen will nicht wirklich eine rein wissenschaftliche Grundlage da man immer wieder mit den Unzulänglichkeiten in der Darstellung, sowie den nicht ausgesprochenen unwissenschaftlichen Voraussetzungen und ideologischen Befangenheiten der Autorinnen und Autoren konfrontiert wird. Wer hingegen sich mit der Erforschung des Terrorismus an sich befasst, wird in dem Buch einige interessante Theorieansätze finden. Dafür das sich die RAF oder auch Rudi Dutschke zur Legitimation ihrer Ideologie bei Carl Schmitt bedient haben gibt es keine Beweise, er ist nie namentlich erwähnt oder direkt auf ihn Bezug genommen worden. Der Voluntarismus der sich innerhalb des radikalen Teils der Studentenbewegung entwickelt hat scheint meiner Meinung nach eher eine Praxis zu sein die sich aus der Erkenntnis des Notwendigen und vermutlich auch zum Großteil aus der jugendlichen Unbekümmertheit heraus Entwickelt hat. Der idealistische Gedanke die Welt verändern, ja vor sich selbst retten zu wollen war der Ursprung dieser Bewegung. Leider hat für einige Menschen das viele Böse und Schlechte in der Welt nur zu gut eine Legitimation dafür abgegeben, dass jedes mittel Recht sei es zu bekämpfen.

5. Literaturverzeichnis:

- Martin Hoffmann (Hrsg.) Rote Armee Fraktion. Texte und Materialien zur Geschichte der RAF, ID-Verlag, Berlin 1997
- Mager, Spinnarke, Was wollen die Studenten? S. 112, Fischer-Verlag, November 1967
- Jens Litten, Interview mit Carl Schmitt im Deutschen Allgemeinen Sonntagsblatt, 1970
- Leonard Landois, Konterrevolution von links: Das Staats- und Gesellschaftsverständnis der '68er' und dessen Quellen bei Carl Schmitt, Nomos 2008
- Joachim Bruhn „Charaktermasken abschminken" in Jungle World vom 14. März 2007
- Carl Schmitt, Theorie des Partisanen. Zwischenbemerkung zum Begriff des Politischen, 1963
- Carl Schmitt Politische Theologie München Leipzig 1922, S.42f.
- Thomas Hobbes , Der Leviatan von Iring Fetscher, Neuwied/West-Berlin 1966
- Kurt Sontheimer: „Antidemokratisches Denken in der Weimarer Republik", 1968
- Zitat: Jürgen Habermas, Kongress Bedingungen und Organisation des Wiederstands, Hannover 1962
- Wolfgang Kraushaar Entschlossenheit: Dezisionismus als Denkfigur S.141 f in Die RAF und der linke Terrorismus, Hamburger Edition Band 2
- Ernesto Che Guevara: Partisanenkrieg – eine Methode. Mensch und Sozialismus auf Kuba
- Dutschke/ Krahl ‚Organisationsreferat in Diskus. Frankfurter Studentenzeitung 30jg.nr 1-2 Februar 1980 S.6-9
- Hans Jürgen Krahl, Ausgewählte Werke, Helsinki 1970
- Rudi Dutschke, Interview Westdeutscher Rundfunk 19.4.1968
- Ulrike Meinhof, 1971 vgl. dazu: www.verfassungsschutz-bw.de/links/terrorismus_raf_chrono_druck.htm
- Rotaprint 25 (Hrsg.) Bewegung Revolte Untergrund in Westberlin 1969–1972